ERREURS
FINANCIÈRES

DÉVOILÉES,

QU'IL IMPORTE DE DÉTRUIRE POUR VOIR CLAIR DANS LA QUESTION

de la

CONVERSION DES RENTES;

PAR P. C. L. VAUTRO,

EN OPPOSITION

AVEC M. JULES OUVRARD FILS.

PARIS. — 1838.

IMPRIMERIE DE L.-B. THOMASSIN ET COMPAGNIE,

RUE DES BONS-ENFANTS, 34

AVANT-PROPOS.

PRÉSERVATIF

CONTRE LES IDÉES QUI S'OPPOSENT A LA CONVERSION DES
RENTES.

Nous ne jetons pas nos calculs au hasard. Le résultat
d'études constantes pendant près de trente ans sur
les finances; nos longues méditations sur les lieux
où le doge Michel II créa la première banque; à Naples, où l'esprit de spéculation, où l'heureuse application de l'économie politique les rendit si actives; à
Londres, cette terre classique des finances; à Bruxel-
les, à Anvers, où les germes de la Hollande ont rompu
le commerce au grandiose; à Madrid, où cette vieille
réputation, si méritée d'ailleurs, de probité castillane,
s'accommoderait bien mieux des principes austères de
Saavédra (1), que des déplorables oscillations de cer-

(1) Quand bien même un État devrait périr, il ne faudrait pas le sauver aux
dépens de sa réputation, car il ne saurait exister sans elle.

DIEGO DE SAAVÉDRA. — EMPRESAS.

tains financiers; et surtout à Paris, où la spirituelle légèreté même du caractère, fait embrasser à la fois l'ensemble et tous les détails des opérations les plus vastes; ce genre d'instruction pratique, guidée par les éternelles vérités des *sciences exactes*, nous conduit, non à trouver *une combinaison*, — c'eût été faire comme tant d'autres, — mais à les passer toutes en revue, à les ranger par ordre et par classes, à en *pondérer* les avantages respectifs, et à asseoir notre *opinion fondée* sur celle de toutes les combinaisons possibles, qui offre le plus de chances de succès.

Peut-être faudrait-il écrire un volume d'idées financières sur la *conversion*; mais une page suffit pour en montrer les résultats et pour faire désirer, nous l'espérons, les développements et les détails.

Voici, dans tous les cas, les bases de notre plan :

Dans la seule conversion du *cinq pour cent*.

1° L'*État* économiserait plus de 40 millions *par an* sur l'amortissement, tout en en établissant un d'une grande puissance;

2° L'*État* économiserait 20 millions de francs de rente annuelle, qui lui représenteraient plus de 530 millions, réalisables *de suite*;

3° L'*État* aurait donc *un avantage effectif* de plus d'*un milliard et demi*.

Indépendamment de cela, LE RENTIER RECEVRAIT, en échange de son 5 pour 100, un fonds qui lui représenterait *tout d'abord* du 3 pour 100 à 80, et ensuite *des annuités*: SAVOIR :

1° *Pendant les deux premières années*, l'annuité serait de *un franc* pour 3 fr. de rente, ce qui rendrait le 3 pour 100 du 4 pour 100 à 80, soit du 3 pour 100 à 60, soit du 5 pour cent à 100. Ainsi, le 5 pour 100, qui est à 110, et qui représente 4 francs 54 centimes d'*intérêt effectif* et 100 francs de capital, serait converti en 3 pour 100, donnant 5 francs d'*intérêt effectif* et représentant 166 francs deux tiers de capital. — *Bénéfice* : 46 centimes sur la rente effective, et 66 deux tiers pour 100 du capital;

2° *Pendant les deux années suivantes*, l'annuité ne serait plus que de 50 centimes pour 3 francs de rente, ce qui porterait le 3 pour 100 à 68½, et l'intérêt effectif à 4 francs 38 centimes. — *Perte* de 16 [centimes sur l'*intérêt effectif* du 5 pour 100 actuel, mais *bénéfice* de 46 pour 100 sur *le capital*;

3° *Pendant les quatre années suivantes*, l'annuité ne serait plus que de 25 centimes pour 3 francs de rente, ce qui porterait le 3 pour 100 à 73 francs 85 centimes. —*Perte* de 40 centimes sur l'intérêt effectif, mais *bénéfice* de 36 pour 100 sur *le capital*;

4° *Pendant les huit années suivantes*, l'annuité ne serait plus que de 12 centimes et demi pour 3 francs, ce qui porterait le 3 pour 100 à 76 francs 92 centimes.— *Perte* de l'*intérêt effectif*, du 5 actuel, de 56 centimes, mais *bénéfice* sur le capital de 30 pour 100.

Et, comme l'*intérêt effectif* du 5 pour 100 devrait toujours diminuer par l'élévation du cours, sans la conversion, il s'ensuit que *la conversion* ne produirait aux rentiers que de *purs bénéfices*, dans une pente bien douce à parcourir, pendant 16 ans, pour les placer dans la position des porteurs du 3 pour 100 actuel, *en tout désespoir de cause*.

Le plan renferme aussi des conditions pour préserver le 3 pour 100, le 4 pour 100 et le 4 et demi pour 100 actuels de dépréciation dans leurs cours respectifs.

Nous attendons avec confiance le jugement du public et la rétractation de M. *Jules* OUVRARD fils, s'il trouve sans réplique les raisonnements qui suivent.

CHAPITRE PREMIER.

Difficulté de suivre un système d'attaque pour combattre les erreurs financières

Nous empruntons à M. *Jules Ouvrard fils*, celui de nos adversaires dans la question dont les opinions financières semblent les plus prononcées, le passage suivant de sa brochure *du Remboursement et de la Conversion de la rente 5 pour* 100, savoir :

« Le public a-t-il étudié la matière ; peut-il avoir
« des idées faites sur l'utilité, sur les moyens d'exé-
« cution, sur la possibilité même d'une conversion
« de rentes ? »

En notre qualité de faible et modeste partie de ce public, qui est censé *ne pas avoir étudié la matière*, nous éprouvons la nécessité de répondre :

Que, pour attaquer de front les nombreuses erreurs dont fourmillent une infinité de brochures, nombre d'écrits et beaucoup de prétentions *contre la conversion des rentes de l'État*, nous étions au désespoir de ne pas trouver réunies les opinions de ceux qui, selon nous, sont complétement dans l'erreur à l'égard de cette mesure.

Que, sous ce rapport, bien que redoutant beaucoup d'avoir à lutter contre le talent et contre l'habileté d'un adversaire formidable, la publication de la brochure de M. *Jules Ouvrard fils* a été considérée par nous comme une bonne fortune.

Ce n'est pas, qu'en principes financiers, nous ne partagions pas souvent les mêmes opinions; c'est que leur application, faite par nos adversaires, nous semble fausse et hasardée.

Dans tous les cas, nous regrettons d'avoir à adjoindre à *M. Ouvrard*, qui a totalement abandonné la question des chiffres, ceux des partisans de la conversion qui en ont traité avec plus ou moins de succès. Nous aurions préféré nous rapporter à un seul centre d'unité.

Nous suivrons cependant M. Ouvrard dans l'ordre de ses idées.

CHAPITRE II.

De la légalité de la conversion

Cette distinction, si juste que fait *M. Ouvrard*, du *remboursement* et de la *conversion* nous conduit à pousser plus loin ses arguments, et nous dirons :

Si *le remboursement* n'est pas possible, ou si, dans sa *possibilité*, il est des motifs graves qui s'y opposent, pourquoi s'occuperait-on de la légalité de cette mesure ?

Si *la conversion*, dégagée du *remboursement*, n'est plus que *facultative* et purement *facultative*, qu'aurait-elle de commun avec la *légalité* qu'on aurait intérêt à invoquer pour le remboursement ?

On prétendra que c'est *trancher* la question au lieu de la résoudre, et nous demanderons toujours : puisque le remboursement en masse est impossible, la question, où est-elle, s'il s'agit de *réalités* ?

Le *remboursement* par tirages serait une *réalité* relative ; mais de quel droit infligerait-on le tirage *du malheur*, quand on vient d'abolir celui de *la fortune* ? Ce serait exhumer *la loterie* sous de très-fâcheux auspices.

CHAPITRE III.

De l'utilité de la conversion.

On prétend que, sous le rapport de l'économie, *la conversion* ne mériterait pas les honneurs d'une longue discussion.

On ne conçoit pas un pareil dédain, si orgueilleusement généreux d'une *économie* de plus de 20 millions de francs de rente. Notez bien qu'on refuse de payer 40 millions de dettes sacrées, pour *arriéré de la Légion-d'Honneur;* que, s'il fallait voter une ligne de chemin de fer, le moindre dégrèvement de l'impôt sur le sel, ou la dépense la plus utile, la plus indispensable et la plus juste, on ne manquerait pas d'en appeler aux principes d'ordre et d'économie parcimonieuse; qu'on repousserait d'un esprit d'égoïsme, en présence de l'abandon et du malheur, les *finance* *sentimentales.*

Il faut opter entre ces deux opinions :

Ou la rente de plus de 20 millions de francs, qui, en 3 pour 100 a 80, représente 533 millions de capital, et la suppression, en sus, de 40 millions sur l'amortissement, représentant plus d'un milliard, en tout 1600

MILLIONS DE FRANCS , DOIVENT ÊTRE RÉPUTÉES UNE *économie signifiante* ; OU LES DÉPENSES, TELLES QUE *l'arriéré de la Légion-d'Honneur*, NE DOIVENT PAS ÊTRE AJOURNÉES SOUS LE PRÉTEXTE D'ÉCONOMIE.

Quant aux calculs qui représentent l'économie de 17 millions comme 3 francs 20 cent. par cote électorale de 200 francs, si on les rapporte à 60 millions de francs, y compris les 40 millions de l'amortissement, ils deviennent 11 francs 30 cent. à l'égard de 200 fr., c'est-à-dire près de 6 pour 0/0 de la somme imposée ; or, comme il sera sans doute permis d'alléger le fardeau des classes malheureuses, si, dans le chiffre des impositions, elles représentent *le dixième*, cette classe pourrait, par le seul effet de l'économie, voir augmenter sa fortune de 113 francs par an sur 200 francs d'impositions, CE QUI SERAIT ÉNORME ET UNE PROVIDENCE POUR ELLE *et non une économie à dédaigner !*

Nous arrivons à *la baisse de l'intérêt de l'argent*, et nous prenons acte qu'on la déclare *salutaire*. Il faut bien quelquefois être d'accord avec les plus respectables autorités de la science.

S'il est vrai, comme on le dit, que la rente soit devenue le moteur principal, le véritable *régulateur* de l'intérêt, comment ceux qui proclament ce principe se refusent-ils à l'évidence du *fait matériel* du bas intérêt de l'argent, en voyant le 3 pour 0/0 à 80, qui donne $3 = 3/4$ pour 0/0 seulement ?

Ils objectent que le 5 pour 0/0 n'est qu'à 110, tout en sachant que, sans la crainte du *remboursement*, il s'élèverait à **120**, à **125** et au-delà, en tant que les habitudes du public pourraient se faire à ne pas considérer le nombre **100** comme *limite*.

Par une singulière appréhension on demande si le *remboursement* ou la *conversion* sont destinés à doter la France du grand bienfait de la baisse du taux de l'intérêt ? Et on nous dit qu'ils agiraient en sens inverse du but auquel on aspire.

On a oublié de le prouver, *sans doute par de très-bonnes raisons*, mais on nous apprend que ce n'est pas à coups de hache que l'on manie les finances d'un pays : que tous les mouvements brusques et saccadés leur sont hostiles.

Or, ces coups de hache et ces mouvements brusques et saccadés dont le système *possible* de conversion est toujours innocent, nous ne les voyons, nous, que dans l'amortissement sans *limite* de **M.** *Ouvrard ;* opération qu'il était bon, indispensable même d'ériger en principe, en organisant un système de crédit public ; mais divinité infernale, hydre qui ne doit plus sucer tout le sang des contribuables !

Ensuite on s'écrie : — C'est toujours **M.** *Ouvrard* qui parle. — « Ce que vous accordez à la rente par l'a- « mortissement est rendu en prospérité publique, en « réduction de l'intérêt de l'argent. »

Autre erreur des plus graves ! Les 5 francs de rente rachetés à **110, 115, 125,** qui n'ont produit que 75 fr. à l'État, n'ont d'autre résultat que de dégréver le Trésor, qni aurait pu racheter plus de rentes à un cours moins élevé. Et, pour les nouveaux emprunts ainsi que pour tous les effets de prospérité, il faudrait que le cours du 5 pour 0/0 se consolidât à 133 1/3 pour offrir les mêmes avantages que du 3 pour 0/0 à 80. C'est là où tous les arguments de *M. Ouvrard* viennent se briser :

$$3 : 80 :: 5 : x = \tfrac{400}{3} = 133 \ 1/3.$$

Et qu'on ne pense pas que nous visions à établir un système de crédit public sans amortissement, ou dans l'idée d'en transgresser la loi quand il y aura convenance à briser les conventions arrêtées, consacrées par le temps et par un heureux effet de la position où elles nous constituent. Si nous croyons qu'il y a lieu, comme on l'a fait en France, à Rome, à Naples, en Angleterre, de modifier ou d'éteindre, arrivés à un certain point de grave lésion pour l'État, les dispositions générales de l'amortissement, nous estimons qu'aujourd'hui, éclairés par l'expérience, on doit astreindre à des limites équitables les désastreux effets de l'amortissement indéfini.

C'est, on ne saurait en douter, un signe de prospérité que de voir s'élever très-haut le cours des effets publics. Mais, en pareil cas, la conversion, habilement et loyalement combinée, devient un correctif qui arrête le mal des rachats onéreux et prépare de larges voies, pour tirer parti de la prospérité alors réelle pour tout le monde. Nous avons déjà dit plus haut que l'amor-

tissement à des prix élevés, stérile en résultats prospè-
res, et payant toujours, en écus effectifs, les *simples si-
gnes* de la prospérité publique, n'est, à lui seul, que
déception pour le Trésor.

Quant à l'amortissement bien entendu, dont on aura
calculé et accepté d'avance les chances les plus malheureuses, en donnant aux valeurs publiques du mouve-
ment, de la force, de l'élasticité; un tel amortissement
est non seulement utile, mais il est un hommage à la
raison, à la morale, au respect dû à la propriété, et un
devoir consciencieux de la prudence qui conseille de
toujours songer à l'avenir.

En définitive, la conversion est non seulement étran-
gère à la violence, mais elle l'exclut entièrement. On
ne comprend pas qu'on puisse lui préférer même le
remboursement forcé. Ici l'erreur est par trop saillante.

Concluons-en que l'auteur du *remboursement et de la
conversion du 5 pour* 100 n'imagine pas qu'on puisse,
tout en économisant plus de 20 millions de francs par
an, offrir encore aux porteurs du 5 pour 100 tant et de
si beaux avantages, par l'effet de la conversion, que
ces porteurs soient les premiers à en solliciter la mesure.

Quand *M. Ouvrard* pourra toucher du doigt ces résultats, probablement il n'en voudra plus à la *conversion*; il l'appellera de ses vœux, il la protègera de ses
talents.

CHAPITRE IV.

Si la conversion est praticable par les moyens proposés jusqu'ici.

Si nous pouvions être d'accord sur quelque chose avec *M. Ouvrard* en marchant vers des buts si opposés, nous le serions sans doute sur l'objet du présent chapitre, car nous le reconnaissons comme lui, les plans proposés jusqu'ici sont plus ou moins entachés de violence ou de nullité.

Toutefois, nous avons sous les yeux un projet imprimé de M. Alexis Hamelin, qui présente une combinaison très ingénieuse et très réalisable. Seulement, selon nous, elle n'offre pas assez de bénéfices *réels*, ni assez de moyens d'accélérer l'opération.

Nous approuvons aussi quelques-unes des vues d'un négociant d'Alençon, qui, en matière d'amortissement, abonde dans notre sens.

Et nous avons enfin poussé plus loin que M. Habrusson, les calculs contenus dans sa brochure ayant pour titre : *Combinaison financière pour réduire l'intérêt de la dette.* Cette combinaison consiste à *rembourser* en réalité le 5 en dix ans, par dixièmes, chaque année, ou par 200 millions, qui seraient désignés par le sort ; et à donner, en sus du capital, une prime qui serait, pour le premier tirage, de 5 pour 100, et qui décroîtrait d'un demi pour cent ou d'un dixième à chaque tirage.

M. Habrusson, qui a négligé les intérêts composés, trouve, au bout de dix ans, un bénéfice de 28 millions de rente et un capital réalisé de 91 millions. Ce dernier résultat est de 100,760,000 francs ; mais son plan renferme, à notre avis, deux vices : 1° Il suppose qu'on empruntera les deux premières années à 4 pour 100 *au pair*, et les huit dernières années à 3 et demi ; 2° l'opération languit ; elle est incertaine et n'est susceptible de se réaliser que dans dix ans.

Notre plan, à nous, n'offrirait à peu près que les mêmes avantages, mais il serait susceptible d'être réalisé de suite.

M. Habrusson ayant pris la peine de développer les résultats des combinaisons de MM. Humann, Laffitte, Gouin et Félix Bodin, nous devions nous borner à ne rendre compte que de celle qu'il déclare préférable aux autres.

CHAPITRE V.

De l'opportunité.

M. J. Ouvrard *fils* sort ici victorieux de sa lutte avec les partisans aveugles de la conversion des rentes. Ces partisans ont été assez malheureux pour lui fournir des arguments sans réplique, qui anéantissent tous leurs travaux. En effet, que répondre à ceci?

« Les partisans de la conversion, après avoir solli-
« cité cette mesure, il y a deux ans, *au nom du déficit*,
« vont-ils la réclamer aujourd'hui *en raison de l'abon-*
« *dance?* Le fait paraîtrait singulier, et néanmoins ce
« dernier motif serait plus raisonnable que l'autre. »

Nous sommes désolé d'apprendre à M. *Ouvrard* que sa victoire est éphémère, et qu'aux yeux de la raison elle se dissipe comme un songe.

Il en restera cependant, nous nous plaisons à l'avouer, la preuve du talent remarquable avec lequel il a su frapper les esprits de l'exemple du président Jackson, en évoquant les terreurs de la crise commerciale ; il en restera la trace de son habileté à profiter des avantages que lui donnait une fausse direction des forces de ses adversaires. Mais quant à la question en elle-

même, les arguments de *M. Ouvrard,* tous ses efforts
pour combattre l'idée de l'opportunité de la mesure de
la conversion voleront en éclats devant un simple
examen des réflexions que nous allons soumettre.

« Le Trésor, dit *M. Ouvrard,* est en ce moment
« dans l'abondance. Toutefois il faut rechercher de
« quelle nature est cette prospérité actuelle du Trésor.

« Or, elle se compose, continue *M. Ouvrard,* de 50
« à 60 millions d'amortissements afférents au 5 pour
« 100 et autres rentes *au dessus du pair.* »

On a touché, dit-il *in petto,* à *l'arche sainte de l'amortissement : nous sommes perdus sans ressources*

Mais tranquillisez-vous, *M. Ouvrard ;* rassurez-vous
sur cette crainte ! Personne ne songe à ces fonds de
l'amortissement, changés de destination par une bonne
et belle loi faite en dépit de quelques grandes maximes
financières, dont on a pris la liberté grande de faire
assez bon marché.

A l'avenir, et par la conversion même, de nouvelles
économies seront aisées, réalisées, consolidées, et seront surtout très importantes, car le fonds d'amortissement ne nécessitera plus que 17 cent mille francs en-
viron, au de lieu 40 et quelques millions.

A l'avenir, on pourra payer des dépenses nécessaires
sans recourir à d'autres emprunts ; et, avec la libre
disposition d'une soixantaine de millions par an, dont
ceux qui partagent vos opinions voudraient qu'on

grevât inutilement le Trésor, cette prospérité, que vous lui reconnaissez aujourd'hui, ne s'en ira donc pas en fumée comme les raisonnements et les calculs des antagonistes *de la conversion.*

Et ce qui doit surtout rassurer *M. Ouvrard,* — sur ce point nous sommes des siens, — c'est qu'on n'aura nulle nécessité de tenter des systèmes de violence et de *manier les finances à coups de hâche, avec ces mouvements brusques, saccadés,* que nous abhorrons autant et plus que personne.

CHAPITRE VI.

M. Ouvrard ne répond à l'initiative de ce chapitre qu'en reproduisant sa chimère de l'amortissement sans limite. Il qualifie de mauvaise loi de finances, celle cependant bien favorable à ses idées de prédilection de l'amortissement indéfini. Décidément, *M. Ouvrard* protège le 5 pour 100, et il le protège en aveugle, envers et contre tous, envers et contre lui-même.

Nous n'avons jamais trop compris pourquoi on préfèrerait amortir du 3 pour 100 à 80, à 90 à 100, plutôt que de racheter du 5 pour 100 à 101, à 105, à 110, etc. Dans le premier cas, le sacrifice irait jusqu'à 66 ; dans le second, il pourrait à peine arriver à 20, sous l'impression d'une crainte vague de la possibilité du *remboursement.*

La loi qui interdit les rachats au-delà du *pair* pourrait être une mesure préparatoire pour faciliter *la conversion*, en faisant hausser le cours du 3 pour 100. Après cela, on s'est sans doute proposé un but qui nous échappe, et qu'il ne nous est permis de discuter ni de comprendre.

Toutefois, la solution du problème à résoudre sur la conversion des rentes nous semble devoir embrasser les résultats ci-après :

1° Établir d'abord quelle serait la somme nécessaire pour amortir le 5 pour 100 à un cours proportionnellement *possible*, pendant un nombre d'années déterminé ;

2° Voir combien, dans le même espace de temps, il sera permis de créer de rentes d'un taux moins élevé, de manière à ce que la même somme à payer *par an*, pour la rente et l'amortissement du 5 pour 100, se trouvât suffisante pour servir la rente du nouveau fonds, et affecter à l'amortissement annuel la somme exactement nécessaire pour racheter toute la rente de ce nouveau fonds ;

3° Voir quelle somme il sera permis d'économiser par an, sur la rente du nouveau fonds, créée *à parité parfaite de résultats avec le 5 pour* 100, et prendre, sur cette économie, la somme suffisante pour offrir, aux porteurs de la rente 5 pour 100 qui accepteraient la conversion, des avantages capables de la leur faire préférer au *statu quo* ;

4° Parer, enfin, par une sage prévoyance, à l'inconvénient de voir déprécier le cours *même des autres fonds que le 5 pour* 100, déjà mis à l'abri de toute atteinte de cette nature.

Si un pareil plan était œuvre avouée d'une compagnie puissante de capitalistes, offrant un cautionnement de garantie des résultats de l'opération, moyennant une commission proportionnée aux risques que ces capitalistes courraient, ce serait fermer le *temple aux illusions* d'une opération qui a tant été l'objet des plus déplorables déceptions, par une *réalité de fait* bien attrayante.

N. B. Nous avons voulu traiter séparément et à la fin, pour fixer davantage l'attention de nos lecteurs, un point qui semble beaucoup préoccuper *M. Ouvrard*, et dont il veut tirer avantage contre la *conversion des rentes*.

M. Ouvrard prétend qu'immédiatement après l'adoption de cette mesure, les vingt millions de rentes 5 pour 100, acquis par des Anglais, et beaucoup de capitaux de ceux qui y ont placé leurs fonds, disparaîtraient du Grand-Livre de la dette publique en France, et occasionneraient le manque des énormes capitaux que ces rentes représentent.

Dans notre plan, dans nos idées, dans nos intimes convictions, nous qui repoussons toute idée *de violence,* nous qui repoussons l'idée d'exercer *le* droit si problématique à nos yeux du *remboursement*, nous sommes tout à fait en dehors des appréhensions de *M. Ouvrard* au sujet de la *conversion*.

Nous verrions, dans tous les cas, fût-ce à travers ce prisme des peurs qui s'emparent de notre adversaire, que l'objet de ses craintes est un véritable fantôme. Nous saurions, à ne pas en douter, que du 5 p. 100

français, fût-il à **80**, sans compensation aucune, sera toujours préféré au **3** p. **100** anglais à **92**, par ceux qui visent à la sécurité et à l'avantage d'un placement; car la sécurité est évidemment la même dans les deux placements, et l'avantage *matériel*, sous le double rapport du capital en perspective et du taux de l'intérêt, ne saurait être contesté au **3** pour **100** *français* à **80**.

Or, si vous ajoutez à ce **3** pour **100** à **80** *des annuités*, telles que nous les comprenons possibles, il y aura vogue à l'étranger, et surtout parmi les *Anglais*, parmi les Hollandais, qui savent tous bien calculer, pour venir prendre un tel **3** pour **100**, en concurrence avec tous les autres.

FIN.

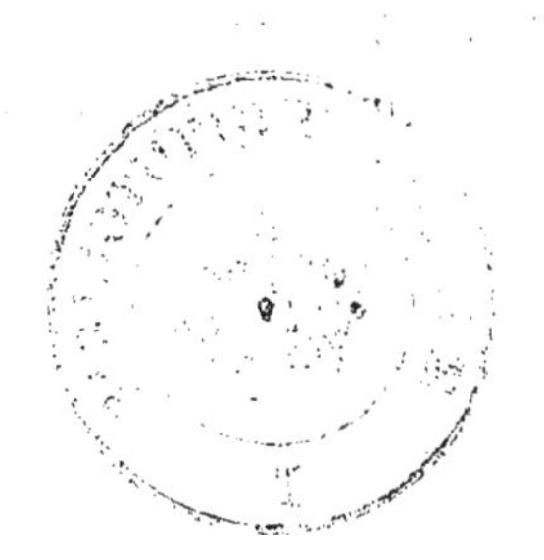

www.ingramcontent.com/pod-product-compliance
Ingram Content Group UK Ltd.
Pitfield, Milton Keynes, MK11 3LW, UK
UKHW020145080726
13614UKWH00005B/2414